PROJET

D'UNE

Exposition à Alger

en 1903-1904

≻≻≻≻≻

RAPPORT

PRÉSENTÉ AU NOM DE LA SOUS-COMMISSION DES FINANCES

PAR

Alfred LE VASSEUR

❀ ❀ ❀ ❀ ❀

ALGER

IMPRIMERIE ORIENTALE P. FONTANA & CIE, RUE D'ORLÉANS, 29.

—

1901

COMMISSION D'INITIATIVE

MM. **TACHET**, *Président ;* **MAIRE, MESPLÉ** et **VOINOT**, *Vice-Présidents ;*
MARCHAND, *Trésorier ;*
Alf. **LEVASSEUR** et **HUBERT-JACQUES**, *Secrétaires.*

DÉLÉGUÉ DE M. LE GOUVERNEUR GÉNÉRAL :
M. **BOUVAGNET**, *Conseiller de Gouvernement.*

Délégués du Conseil Général.

MM. LETELLIER.
HANNEDOUCHE.
BEGEY.

Délégués du Conseil Municipal d'Alger.

MM. AUDOIN.
GALLOIS.
RIBAUT.

Délégués du Conseil Municipal de Mustapha

MM. LAUGEL.
LOMBARD.
THUILLIER.

Délégués du Conseil Municipal de St-Eugène

MM. CHEVALIER.
GALIAN.
SIMON.

Délégués de la Chambre de Commerce.

MM. BILLIARD.
MARCHAND.
VOINOT.

Délégués du Syndicat Commercial.

MM. AUBERT.
BLACHETTE.
VALENTINI.

Délégués du Comité d'Hivernage.

MM. GARNIER.
TACHET.
Général VARLOUD.

Délégués de la Société de Géographie.

MM. CHANTELOUBE.
MESPLÉ.
Dr PASCAL.

Délégués de la Société des Agriculteurs.

MM. GLORIEUX.
LEGENDRE.
MICHALET.

Délégués de la Société d'Horticulture.

MM. Dr TRABUT.
J. PORCHER.
VERNOUX.

Délégué de la Société Immobilière.

M. CRISPO.

Délégués de la Bourse du Travail d'Alger.

MM. VARENNES.
BOUDES.

Délégués de la Bourse du Travail de Mustapha.

MM. GAUCHARD.
DAPRET.

Délégués du Syndicat de la Presse.

MM. CHAUTAGNAT.
JACQUES.
LAGADEC.
LE VASSEUR.
ONESTE.

Représentants des journaux.

MM. MARY DUPUY.
VICTOR BARRUCAND.
GARROT.
BAEZA.
HAYBRARD.
JEHEL.
CAT.
GALINET.
GAUTHRONET.

Représentants des Beaux-Arts.

MM. CORDIER.
DUBOIS.
NOAILLY.

Les auteurs d'un projet antérieur d'Exposition à Alger.

MM. MAIRE.
BRUNET.
BELLANGER.

PROJET

Exposition à Alger

en 1903-1904

RAPPORT

PRÉSENTÉ AU NOM DE LA SOUS-COMMISSION DES FINANCES

PAR

Alfred LE VASSEUR

ALGER

IMPRIMERIE ORIENTALE P. FONTANA & Cⁱᵉ, RUE D'ORLÉANS, 29.

—

1901

SOUS-COMMISSION DES FINANCES

MM. **Henri GARROT**, *Président.* — **BRUNET**, *Vice-Président*

Alf. LE VASSEUR, *Secrétaire-Rapporteur*

MEMBRES

LES MEMBRES DU BUREAU DE LA COMMISSION D'INITIATIVE

ET

MM. AUBERT.

BELLANGER.

BLACHETTE.

BOUDE.

CHANTELOUBE.

DUPUY (MARY).

HANNEDOUCHE.

JEHEL.

LAUGEL.

LEGENDRE.

ONESTE.

PORCHER.

THUILLIER.

Exposition d'Alger

(1903-1904)

COMMISSION D'INITIATIVE

———◆◆———

SOUS-COMMISSION DES FINANCES

———◆◇———

Messieurs,

Comme conséquence de l'adoption, en principe, par votre Assemblée générale, dans ses séances des 27 et 30 mars dernier, des termes du rapport préliminaire qui vous était présenté par M. Glorieux, vous avez chargé votre Sous-Commission des Finances, conformément au § 4 des conclusions du dit rapport, de rechercher les moyens de se procurer une somme fixée provisoirement au chiffre de SEPT MILLIONS, jugée nécessaire pour la mise en œuvre du projet d'Exposition à Alger en 1903-1904.

A cet effet, notre estimé président M. Tachet. d'accord avec le bureau, faisait convoquer pour le mercredi 24 avril, tous ceux de nos membres susceptibles de contribuer, par leur expérience et leur compétence spéciales à la réussite de la délicate mission qui incombait à votre Sous-Commission de Finances.

Répondant à cet appel, MM. Aubert, Mary Dupuy, Garrot, Laugel, Legendre, Hannedouche, Oneste, Jehel, Chanteloube, Thuillier, Brunet, Bellanger, Boude, Porcher, Blachette, auxquels venaient se joindre les membres de votre bureau, acceptèrent de constituer la dite Sous-Commission qui fit choix, pour la présider, de M. Garrot, assisté de M. Brunet, comme vice-président et de M. Le Vasseur pour remplir les fonctions de secrétaire-rapporteur.

M. Tachet, dans cette séance constitutive du 24 avril, prit soin de préciser que nous devions particulièrement nous efforcer à trouver les ressources jugées nécessaires, grâce à des combinaisons *indépendantes,* en sorte de ne demander, tant au budget de l'État qu'au budget spécial de l'Algérie et à ceux des départements et des communes que le minimum de sacrifices possible, et de ne point, ainsi, donner prise à certaines critiques formulées par la presse locale à l'encontre de notre projet.

Loterie.

Précisément, M. Glorieux, dans son rapport, recommandait à notre examen l'étude d'une loterie à organiser suivant le mode espagnol : c'est de ce côté que, au cours de ses travaux, se sont tout d'abord portées les préoccupations de votre Sous-Commission.

Elle a pris soin de s'entourer, à ce sujet, de tous les renseignements et de tous les documents indispensables pour éclairer sa religion : des démarches ont été faites auprès de M. le Consul d'Espagne, auprès de MM. les Membres de la Chambre de Commerce espagnole de notre ville, auprès de MM. Sitgès frères et de diverses autres personnalités plus parculièrement désignées pour nous fournir d'utiles indications ; et, aussi, auprès de M. Staude, de Paris, directeur de la *Revue des Valeurs à Lots et des Loteries,* concessionnaire général de l'exploitation des grandes loteries françaises organisées en ces dernières années, très compétent, donc, en la matière.

Après examen approfondi de la question, et à l'unamité, nous avons conclu qu'il fallait renoncer à la combinaison d'une loterie, émise selon le mode espagnol.

La loterie, en Espagne, est une entreprise nationale ; elle est organisée par le Trésor public ; les billets en sont considérés, aux termes d'une loi en date du 25 février 1893, comme valeurs d'État : de plus, la loterie est, chez nos voisins d'outre Méditerranée, entrée dans les mœurs de telle façon qu'elle constitue, en quelque sorte, un besoin normal des individus. Les tirages ont lieu trois fois par mois, soit tous les dix jours, et cela d'un bout à l'autre de l'année, si bien que l'on y a l'habitude de prendre, chaque semaine, son billet de loterie, presque de la même façon que, chaque matin, chez nous, on achète son journal.

L'importance des loteries et le prix des billets varient chaque fois ; je n'en citerai que quelques exemples :

La grande loterie de Noël 1900 — soit le 34e tirage de l'année, et le plus important — ne comportait pas moins de 35,000 billets de mille pesetas (divisés en dixièmes, de cent pesetas) soit un total de 35 millions de pesetas. Les lots pour ce tirage étaient au nombre de 5,249, s'élevant à un total de 24,500,000 pesetas.

La 9e loterie de 1901 (du 10 avril dernier) comportait 12,000 billets de 250 pesetas (toujours divisés en dixièmes) soit trois millons de pesetas. Le montant des 600 lots distribués s'élevait à 2,100,000 pesetas.

La 10e loterie de 1901 (20 avril) comportait 28,000 billets de 50 pesetas (divisés en dixièmes de cinq pesetas) : soit 1,400,000 pesetas. Elle donnait lieu à la distribution de 1,400 lots s'élevant, ensemble, à 980,000 pesetas.

De ces exemples il ressort que la proportion du montant des lots distribués par rapport au capital émis atteint environ 70 0/0.

Il reste donc, à peine, 30 0/0, d'où il faut encore déduire les frais d'émission des billets, les frais de vente et la remise aux intermédiaires, ce qui réduit encore sensiblement le bénéfice net.

Mais, pour les raisons énoncées ci-dessus : fréquence des tirages, chiffre élevé du capital émis chaque mois, permanence de l'administration de la loterie, inutilité presque absolue de toute publicité, tant l'habitude est prise de ces tirages réguliers, etc..., les frais généraux sont, en Espagne, réduits au strict minimum, et, le bénéfice minime de chaque tirage, se renouvelant trois fois par mois, finit, au bout de l'année, par assurer un profit suffisant pour faire face aux besoins en vue desquels la loterie est instituée chez nos voisins.

Il n'en serait point de même ici, où l'on n'est pas habitué à payer un prix relativement élevé pour un billet de loterie, où tout serait à organiser pour une occasion unique, où la publicité devrait être d'autant plus considérable qu'il s'agirait de faire admettre par le public un mode nouveau de loterie : les frais généraux absorberaient, chez nous, la presque totalité du reliquat, en sorte que, pour réaliser un million liquide, il faudrait émettre au moins pour 9 ou 10 millions de billets.

Or, ce sont trois millions que nous comptons tirer de la Loterie : on voit où cela nous entraînerait.

Une loterie émise suivant le mode français ne présente point les mêmes inconvénients : la proportion du montant des lots par rapport au capital émis ne dépasse guère 20 0/0 ; elle est souvent bien moindre.

Pour ne citer que les deux dernières grandes loteries émises, nous voyons que, pour un capital de sept millions, la Loterie des Enfants tuberculeux n'a distribué que 700.000 francs de lots, soit 10 0/0 ; celle de l'Association des Artistes dramatiques, dont le tirage est prochain, pour un capital de 1.600.000 francs, va distribuer 350.000 francs de lots, soit un peu plus de 20 0/0, et cette répartition est considérée comme extraordinaire.

Si l'on tient compte du montant des frais généraux, on constate aisément qu'il doit, en tout état de cause, rester, pour une loterie française, un bénéfice moyen de 50 à 60 0/0.

Il n'y a donc pas à hésiter entre les deux systèmes.

Toutefois, il est, dans les combinaisons de la loterie espagnole, une particularité qu'il est bon de retenir, et que votre sous-commission serait d'avis d'adopter.

Chez nos voisins, les numéros approchant le gros lot, les 50 ou les 25 qui précèdent et qui suivent l'heureux favorisé du sort, bénéficient, du fait seul de ce voisinage, de l'attribution d'une prime.

Pour la loterie de Noël, où le gros lot est de 3 millions de pesetas, les 50 numéros précédant et les 50 suivant le gagnant reçoivent chacun 5,000 pesetas.

Ce serait là, sans doute, une innovation intéressante à introduire dans le fonctionnement des loteries françaises, de nature peut-être, en ce qui concerne celle que nous projetons, à retenir l'attention du public et à lui faire, plus facilement, acheter nos billets.

Nous croyons devoir signaler, d'autre part, une particularité intéressante de la loterie royale hongroise.

Cette loterie comprend toujours plusieurs tirages : les premiers comportant moins de lots, et des lots de moindre importance que les tirages suivants.

Dans ces conditions il serait à craindre que le public attendît les derniers tirages pour prendre ses billets, peu soucieux de ne gagner qu'un petit lot, alors que c'est le gros lot que toujours il escompte.

Pour remédier à cet inconvénient, il est convenu, en Hongrie, que tous les billets ayant gagné à un des tirages d'une même loterie, si minime que soit le lot qui leur est échu, participent, une fois la loterie terminée, au tirage supplémentaire d'une prime élevée, uniquement réservée à ceux ayant déjà bénéficié d'un lot quelconque.

On comprend qu'il est, dans ces conditions, intéressant de participer à tous les tirages, même au moins important, et d'y gagner même un petit lot, puisque le premier gain, pour insignifiant qu'il soit, donne droit à participer au tirage de la prime.

La question est à étudier, nous nous bornons à l'indiquer.

Nous avons donc décidé de vous proposer de recourir à une loterie, émise d'après le mode français, avec, si cela vous agrée, l'adjonction du système des approximations, si apprécié en Espagne, et peut-être aussi, celui de la prime, en usage dans la loterie hongroise.

Notre loterie, émise au capital de sept millions (chiffre égal à celui de la récente Loterie des Tuberculeux) nous laisserait, en calculant très largement, un bénéfice de TROIS MILLIONS, au minimum.

Nous pourrions (ce qui ne s'est jamais fait antérieurement dans les loteries de ce genre) affecter aux lots 25 0/0 du capital émis.

Il serait important de faire plusieurs tirages ; le premier à une époque assez rapprochée, de manière à nous assurer un premier apport d'argent dans nos caisses et à nous permettre de commencer, sans trop tarder, les travaux de notre exposition ; ce premier tirage ne comportant qu'un nombre restreint de lots, et les suivants, espacés de six mois en six mois, augmentant progressivement d'importance de façon à maintenir le public en haleine et à réveiller, à la veille de chacun des tirages, sa convoitise.

Le dernier tirage qui serait le plus important de tous par la valeur et le nombre de lots, aurait lieu le jour même de l'ouverture de l'Exposition, afin que les billets de cette loterie ne fassent point concurrence à la combinaison de la tombola dont il sera question plus loin.

Il nous faut, pour émettre cette loterie, obtenir l'approbation ministérielle — approbation qui, pour nous, fait d'autant moins de doute (à la condition que M. le Gouverneur général veuille bien la patronner) qu'un précédent existe : par arrêté ministériel du 7 août 1894, en effet, la Société Philomatique de Bordeaux était autorisée à émettre, pour son exposition de 1895, une loterie analogue — et il nous semble intéressant de dire que, les premiers billets de cette loterie ayant été mis en vente le 7 janvier 1895, le tirage a pu s'effectuer le 15 décembre de la même année, la Société ayant, huit jours avant la date fixée, vendu tous ses billets, si recherchés que, pour s'en procurer dans les derniers jours, les retardataires ont du payer une prime qui s'est élevée jusqu'à 3 fr. par billet.

La loterie de Bordeaux a attribué à la distribution des lots 15 0/0 de son capital, en numéraire, et 10 0/0 en nature.

Les frais généraux: impression des billets, publicité, remise pour le placement des billets, tirage, etc., n'ont pas atteint 15 0/0.

Il est donc resté 60 0/0 de bénéfice net.

On objectera sans doute que la loterie de Bordeaux n'était que de *un* million, tandis que la nôtre en comporte *sept*.

Nous répondrons que l'Exposition de Bordeaux, de 1895, était une entreprise privée, organisée par la seule Société Philomatique, exposition d'ailleurs très spéciale, ayant pour but presque unique de mettre en relief les richesses vinicoles de la région.

Il n'en va point de même pour l'Exposition que nous projetons à Alger : certes, elle aura pour résultat, nous l'espérons, de faire mieux connaître et mieux apprécier l'Algérie, mais elle contribuera puissamment, en même temps, au développement et au bon renom de notre empire colonial français, au bénéfice duquel elle est particulièrement conçue.

L'intérêt *limité* de l'Exposition de Bordeaux fut, d'ailleurs, si bien compris du Gouvernement, à cette époque, que, tout en autorisant l'émission d'une loterie, pour la mise en œuvre de cette *entreprise privée*, il en limitait l'autorisation de vente des billets à 13 départements seulement, ceux du sud-ouest, plus particulièrement intéressés en la circonstance.

En raison du caractère général de notre entreprise, en raison aussi de la place, sans cesse grandissante depuis quelques années, que prennent, dans les préoccupations publiques, les idées de colonisation, en raison de l'intérêt qu'y auront toutes les colonies françaises, il ne nous semble point douteux que nous obtenions l'autorisation de vendre nos billets de loterie sur tout le territoire métropolitain et colonial de la République.

Si nous avons, un instant, songé à adopter, pour notre loterie, le mode d'organisation de la Loterie espagnole, c'est que nous n'ignorons point que des centaines de mille francs d'argent algérien s'en vont chaque année, en Espagne, alimenter cette grande entreprise de nos voisins. Il y a des chances pour que cet argent, séduit par le pourcentage de lots supérieur à celui qui est habituel aux loteries françaises, que nous offrirons à nos souscripteurs, séduit aussi par le système des approximations que nous emprunterons à la Loterie espagnole, et par celui de la prime, emprunté à la Loterie hongroise, nous reste en Algérie pour contribuer à la grande œuvre que nous avons en vue.

C'est là un argument qui, sans doute, ne sera point sans valeur, auprès de nos gouvernants, lorsque nous solliciterons d'eux les autorisations nécessaires pour l'émission de cette loterie.

A simple titre de renseignement nous pouvons dire qu'un seul négociant de notre ville, M. Relin, dépositaire de journaux, rue Dumont-d'Urville, n'a pas vendu mois de 36.000 billets de la Loterie des Tuberculeux et de 6.000 billets de celle des Artistes Dramatiques, au cours de la dernière année (1900).

Et cependant ces deux loteries n'intéressaient que bien peu l'Algérie ! Que sera-ce lorsqu'il s'agira de placer les billets d'une loterie essentiellement algérienne ?

En résumé, nous proposons l'émission de :

7 millions de billets à 1 fr. = 7.000.000 fr. d'où il faut déduire pour :

Attribution aux lots. 25 0/0) Frais généraux..... 25 0/0) 3.500.000

    Aléas.................... 500.000

D'où résulte un bénéfice net de : TROIS MILLIONS.

Bons d'Exposition.

Ce premier point acquis, il ne nous a point paru possible de pousser plus loin et de demander davantage à la seule loterie : « Il n'est pas prudent, dit un vieux dicton populaire, de mettre tous ses œufs dans un même panier. » C'eut été, sans doute, risquer des déboires, desquels, par la suite, il eut été trop tard pour se garer.

Votre sous-commission des finances a donc cherché une autre solution et elle croit l'avoir trouvée dans une combinaison basée sur le principe déjà adopté pour les bons de l'Exposition Universelle de Paris 1900.

Nous avons pensé qu'il nous serait possible de trouver des souscripteurs, tant en

France qu'en Algérie, voire même dans les pays méditerranéens invités à participer à notre Exposition, pour les 500.000 bons que nous voudrions mettre à leur disposition, moyennant *dix* francs par bon (au lieu de *20 fr.*, prix de ceux de la dernière exposition métropolitaine, dont le nombre était de 3.250.000).

Chacun de nos bons donnerait droit à *cinq* tickets d'entrée à l'Exposition et à *cinq* billets d'une tombola spéciale de l'Exposition dont il sera parlé plus loin — ainsi qu'à toute une série d'avantages énoncés ci-dessous.

De ce fait nous allons donc émettre, par avance, 500.000 × 5 = 2.500.000 tickets d'entrée à notre Exposition, chiffre qui ne nous semble point exagéré, surtout si nous tenons compte de ce qui a été fait à Paris.

En 1900, en effet, l'entrée n'était point uniformément acquise par le seul versement d'un ticket : tous les matins, avant dix heures, le prix d'entrée était de deux tickets ; le vendredi, toute la journée, également deux tickets ; et pour toutes les fêtes, il fallait verser quatre et quelquefois même six tickets. En sorte que nous pouvons admettre, comme moyenne, que chaque visiteur de l'Exposition payait un ticket 1/2 pour y entrer.

2.500.000 tickets, dans ces conditions, représentent donc à peine 1.800.000 entrées, et nous avons lieu d'espérer que ce chiffre, en les 6 mois, ou les 6 mois 1/2 que durera notre Exposition, du 15 novembre 1903 au 1ᵉʳ juin 1904, sera dépassé.

Il faut compter, en effet, que, si la moyenne que représente ce chiffre, sera peut-être difficile à atteindre durant les jours de semaine, elle sera certainement dépassée les dimanches et jours de fêtes. Or, au cours de la période prévue pour la durée de notre Exposition, nous aurons, à part les fêtes d'inauguration et de clôture, celles de Noël, du Jour de l'An, du Carnaval, de la Mi-Carême, de la semaine de Pâques, de l'Ascension et de Pentecôte qui nous amèneront, tant de France que de l'Etranger et de l'intérieur de l'Algérie, des afflux considérables de visiteurs, surtout si l'Administration de l'Exposition sait profiter de ces occasions diverses pour organiser des concours et festivités, attirant chaque fois un public spécial.

Et nous ne citerons ici que pour mémoire l'espérance que nous avons de voir venir, pour participer à notre exposition maritime, l'escadre française de la Méditerranée, et sans doute aussi les divisions

navales méditerranéennes des puissances
amies, dont la présence, dans notre port,
ne manquera point d'attirer les curieux de
tous les points de l'Algérie ; sans parler
de la visite plus que probable du Président
de la République qui, à elle seule, suffirait
pour amener, à notre Exposition, une foule
de colons de l'intérieur et d'indigènes soucieux de saluer le Chef de l'Etat.

L'exemple tout récent de l'affluence venue
à Alger pour le Concours musical des fêtes
de Pâques, affluence évaluée à 80,000 per-
sonnes en quatre jours, et qui n'a pas
laissé, d'après les estimations municipales,
moins de 1,500,000 francs dans notre ville,
la satisfaction exprimée par tous nos visiteurs, venus de France, et leur ardent désir
de revenir lorsque, de nouveau, l'occasion
leur en sera offerte, nous sont autant de
preuves du succès, dans l'avenir, de fêtes
semblables, surtout durant l'Exposition,
qui ajoutera à l'intérêt spécial des concours
divers qu'on pourra organiser : musique,
gymnastique, pompiers, etc., etc., l'attrait
des splendeurs que nous comptons y réunir.

Nos Bons donneraient droit, en outre —
soit sur les chemins de fer métropolitains
(et peut-être aussi sur les réseaux italiens
et espagnols), soit sur les paquebots trans-
méditerranéens, soit sur les voies ferrées
algériennes et tunisiennes, à la délivrance,
pour les voyageurs se rendant à l'Exposition d'Alger, de billets d'aller et retour
spéciaux, comportant d'appréciables réductions ; ou, au choix des porteurs, à des
réductions sur le tarif des entrées aux
attractions établies à l'intérieur de l'Exposition — ou aux attractions (théâtre, casino,
etc.) de la ville d'Alger — ou encore, par
arrangements spéciaux, à des réductions
sur le tarif des hôtels et restaurants.

Il est entendu que ces diverses faveurs
ne pourraient se cumuler : le bon, estam-
pillé au moment de l'obtention d'un des
avantages stipulés ci-dessus, ne donnerait
plus droit aux autres avantages ; si bien
que, pour pouvoir profiter de tous, il faudrait être porteur d'autant de bons qu'il y
a de catégories d'avantages. Et ce ne serait
point là, au surplus, pour nos visiteurs,
une mauvaise spéculation ; car chacun de
ces divers avantages, pris séparément,
rembourserait largement le prix du bon,
dont le porteur bénéficierait ainsi, gratuitement, des tirages dont il va être question.

Chaque bon participerait, en effet, par
son numéro, à un certain nombre de tirages, répartis jusqu'au jour de la clôture

définitive de l'Exposition : ces tirages comporteraient des lots s'élevant, au total, à 750,000 fr., soit à 15 0/0 de la valeur totale des bons émis — proportion plus que suffisante si l'on tient compte des multiples avantages attribués, indépendamment, aux porteurs de bons, et si l'on s'en réfère aux bons de l'Exposition de 1900 qui, pour 65 millions de capital émis, n'ont bénéficié que de 6 millions de lots, soit à peu près 9 0/0.

Déduction faite des lots à payer, fixés, au total, à 750,000 fr. : des frais généraux et de remise aux vendeurs, évalués également à 750,000 fr., et des aléas que nous portons pour 500,000 fr., il resterait sur cette émission de Bons, un bénéfice nouveau de TROIS MILLIONS.

Les bons de l'Exposition Universelle 1900, ont été émis en vertu d'une loi, en date du 18 juin 1896 : Il est à supposer que, grâce au patronage de M. le Gouverneur général et à l'appui de nos députés algériens, le Parlement ne refusera point à Alger, dans des proportions infiniment moindres, ce qui a été accordé pour Paris.

Tombola de l'Exposition.

On a vu plus haut que chacun des bons de l'Exposition donnerait droit à cinq billets d'une tombola spéciale, dite Tombola finale de l'Exposition, sur laquelle il nous reste à nous expliquer.

Cette tombola comporterait cinq millions de billets à un franc : mais comme 2,500.000 de ces billets seraient, du fait de la combinaison ci-dessus exposée, attribués aux 500.000 bons, à raison de cinq billets pour chaque bon, il s'en suit qu'il ne resterait plus à en placer que 2,500,000.

Leur mise en vente ne commencerait que du jour de l'ouverture de l'Exposition, en sorte de ne pas faire concurrence à ceux de la loterie proprement dite, dont le dernier tirage aura précisément lieu, ainsi que nous l'avons vu plus haut, le jour de l'ouverture de l'Exposition.

La différence entre les deux opérations réside en ceci que les lots de la *Loterie* seront tous payés en numéraire, tandis que la *Tombola* ne comportera que des lots en nature, offerts gracieusement, pour une part, par les exposants, et achetés, pour une autre part, à ces mêmes exposants, dans l'Exposition même.

Le prélèvement important, opéré sur le capital de cette tombola, pour les achats de lots aura cet avantage d'assurer aux exposants, en bloc, qu'une somme considérable sera affectée par l'administration de l'Exposition à l'acquisition d'une partie des objets exposés par eux — et, d'autre part, comme ce sont les exposants eux-mêmes qui seront invités à se charger du placement des billets, ils auront tout avantage à s'efforcer d'en placer un grand nombre, moyennant une très faible remise, assurés qu'ils seront qu'*un pour cent* à déterminer, de ce qu'ils auront vendu, sera employé à faire des achats à leur propre comptoir.

Pour une tombola de ce genre, l'autorisation préfectorale serait suffisante ; mais comme elle fait partie intégrante de la combinaison des Bons d'Exposition, il va sans dire que la loi nécessaire pour permettre l'émission de ceux-ci, règlementera et autorisera du même coup et les bons et la tombola.

Les 2,500,000 billets à placer produiraient donc..................... 2.500.000 fr.
De cette somme il convient de déduire :

Pour les frais généraux: émission de billets, remise aux vendeurs, etc., etc..... 850.000 »

Pour les aléas.......... 350.000 »

Pour achats de lots aux exposants................. 1.000.000 »

Et l'on voit qu'il resterait disponible, du fait de cette tombola, un nouveau million qui, ajouté aux trois millions de la Loterie et aux trois millions des Bons de l'Exposition, compléterait la somme de SEPT millions dont votre Sous-Commission des Finances avait pour mission de rechercher les possibilités de réalisation.

Redevances des Exposants. — Produits de l'Exposition.

Arrivés à ce point de notre travail, nous n'avons point cependant considéré que notre mission fût terminée.

Nous avons fait très large, ainsi qu'on a pu le voir par les chiffres ci-dessus énoncés, la part des aléas : il peut néanmoins se faire que ceux-ci dépassent nos prévisions. Auquel cas, et pour donner plus entière confiance en notre tentative, nous avons cru devoir donner ici un aperçu de quelques ressources, certaines et incontestables, que nous nous bornerons à indiquer, en ne les portant que *pour mémoire* dans nos prévisions de recettes.

Ces ressources nous seront fournies, pour les locations des emplacements qu'ils occuperont à notre Exposition, par les exposants eux-mêmes, non point par ceux d'Algérie et des Colonies françaises, qui seront reçus gratuitement, mais par ceux de la Métropole et des pays étrangers auxquels une minime redevance, bien inférieure à celle qu'ils ont, partout, l'habitude de payer, serait demandée.

A Paris. le mètre carré se louait 800, 1.200 et même 1.500 francs, suivant les emplacements.

A Bordeaux, où les surfaces bâties ne dépassaient pas le chiffre global de 30.000 mc.. les redevances payées par les exposants se sont élevées à 667.005 fr. 73.

La surface couverte prévue pour notre exposition est de 50.000 mc. en chiffres ronds, sans compter les emplacements nécessaires pour les expositions particulières, les expositions etnopaphiques, les attractions, les expositions des animaux vivants, etc., etc.

En outre du produit de la location des emplacements, dont nous venons de citer le montant, l'administration de l'Exposition de Bordeaux a encore réalisé, grâce à 139 traités spéciaux de concessions accordées à des bars, à des marchands de fleurs, à des théâtres, à des marchands d'éventails, à des cafés-restaurants, à un tir, à des débitants de tabacs. à des marchands ce photographies, à des distributeurs de catalogues, à des tenanciers de châlets de nécessité, à des marchands de journaux, à des phonographes-théâtrophones et autres appareils, à des fabricants de liqueurs de marque, à des vestiaires, au fermier du droit d'affichage, à un entrepreneur de publicité, à un tenancier d'une chambre noire à l'usage des photographes amateurs, etc., etc., une somme totale de 212.473 fr. 95.

D'autre part encore, certaines recettes diverses de cette même Exposition de Bordeaux (dont nous cherchons à nous inspirer. car ses comptes se sont soldés en bénéfices) recettes telles que : produits de concerts. intérêts de fonds placés, vente de palmarès et de médailles, etc., etc., ont rapporté 80.596 fr. 12.

Tout cela, additionné. donne tout près d'un million ! Ne pouvons-nous point, à ces différents titres, compter ici sur une somme au moins égale ?

Nous ne la portons, dans nos prévisions, que : *pour mémoire.*

Revente des matériaux.

Au cours des discussions de la Sous-Commission d'Initiative, discussions d'où est sorti le rapport de M. Glorieux, il a été parlé de la revente possible, une fois l'Exposition terminée, de la plus grosse part des matériaux ayant servi à son édification. Et, en effet, indépendamment de quelques parties architecturales de nos futurs palais, il a été admis, en principe, que les galeries seraient construites sur un modèle uniforme, au moyen de fermes et de colonnes métalliques établies de telle façon que l'Administration puisse, par la suite, les utiliser pour doter les centres de l'intérieur de marchés, d'écoles, d'ambulances, de gares de chemins de fer, etc. ; que les particuliers puissent s'en rendre acquéreurs pour les transformer en chais, en magasins, en usines, etc., etc.

De l'avis de gens compétents, ces fers ne subiraient guère qu'une dépréciation de 25 à 30 0/0.

Nous pouvons donc, de ce fait, compter sur une rentrée assez importante.

Nous n'en évaluerons point le montant, que nous nous bornerons à porter, également, pour mémoire.

Subventions diverses.

De tous ces chiffres additionnés, il résulte, d'une façon bien nette, que nous pouvons, grâce aux diverses combinaisons sus-énoncées, réunir un capital qui dépasserait sensiblement celui que nous avions reçu mission de rechercher.

Et cela, cependant, ne nous suffit pas encore.

Nous nous sommes inspirés, on l'a vu, des recommandations faites, au cours de notre réunion du 24 avril, par M. Tachet, et nous n'avons, jusqu'ici, tablé en aucune façon sur les subventions auxquelles nous sommes cependant en droit de prétendre, tant du budget de l'Etat que du budget spécial algérien, des budgets départementaux et des communes, des grandes Sociétés et des grandes Compagnies locales.

Nous ne pensons point, cependant, avoir le droit de pousser trop loin notre désintéressement, et nous estimons qu'il est de notre rôle de parler de ces subventions, de la possibilité de leur réalisation et du parti que nous comptons en tirer.

Sans parler de l'Exposition de 1900 subventionnée de vingt millions par l'Etat, et d'une somme égale par la Ville de Paris,

nous nous en tiendrons à l'exemple beau-
coup plus modeste de l'Exposition de Bordeaux.

Les subventions obtenues pour cette entreprise (d'ordre privé, nous ne saurions
trop le répéter) par la Société Philomatique, étaient les suivantes :

Subvention de la ville de Bor-
 deaux.................... 10.0000 fr.
Subvention de la Chambre de
 Commerce 25.000
Subvention du Conseil géné-
 ral......... .... 15.000

Grâce au succès de l'entreprise, la Société Philomatique a pu se passer de ces
subventions, dont le versement n'a pas
même été demandé.

Cependant, la Chambre de Commerce
de Bordeaux a versé une seconde subvention de 25,000 francs qui a été spécialement
affectée à la construction du Palais des
Colonies.

Enfin, la Compagnie des Chemins de fer
du Midi a contribué à l'œuvre par une
subvention de 10,000 francs.

N'avons nous donc point le droit de
compter sur de semblables aides ?

A mille points de vue qu'il n'y a pas
lieu de développer ici, dans ce rapport
purement financier, nous estimons que la
ville d'Alger, et les villes de l'aggloméra-
tion algéroise, que Blida, Boufarik, etc.,
qui bénéficieront de la visite des excur-
sionnistes attirés par notre Exposition, que
d'une façon générale toutes les communes
du département ont le devoir, conforme
d'ailleurs à leur intérêt bien compris, de
contribuer à la réussite de l'Exposition
projetée, que le département tout entier,
par un vote unanime de son Conseil général, doit s'y intéresser.

Les visiteurs de l'Exposition, en effet,
ne se borneront point à en parcourir les
galeries ; ils visiteront l'intérieur ; ils s'in-
téresseront forcément à ce qu'ils verront
des efforts de nos colons, et nul doute que,
dans le nombre, il s'en trouve qui, séduits
par ce qu'ils auront vu, se décident à lais-
ser des capitaux en Algérie, sinon à venir
s'y installer eux-mêmes.

Et d'ailleurs, n'est-il pas évident que la
plus-value considérable de l'octroi de mer,
du fait même de l'Exposition, suffirait
largement à rembourser aux communes
les subventions qu'elles nous accorde-
raient.

Le département d'Alger ne sera pas seul
à bénéficier de ces avantages ; d'ores et
déjà il est question d'organiser des voya-

ges circulaires qui amèneraient les visiteurs par l'Italie, la Tunisie et Constantine à Alger, pour les faire repartir par Oran et l'Espagne.

Nul doute que nos départements voisins, comprenant le profit qu'ils y auront eux aussi, nous aident à mener à bien une entreprise d'un si haut intérêt pour le bon renom de l'Algérie.

Ces subventions que nous demandons à tous, et à chacun dans la proportion de ses moyens, pourraient être réparties sur les quatre exercices à venir, de façon à permettre d'atteindre un chiffre relativement élevé, sans trop grever, d'un seul coup, les budgets auxquels elles seraient afférentes.

M. le Gouverneur général Jonnart, lorsqu'il a fait, le 16 novembre 1900, au lendemain de son arrivée en Algérie, à notre bureau, l'honneur de le recevoir, a dit tout l'intérêt qu'il portait à notre projet et a bien voulu promettre d'associer à son succès, dans la limite du possible, le budget spécial.

Dans une lettre récente, écrite de Paris le 5 avril dernier, M. Jonnart ne disait-il pas encore, après en avoir causé avec les membres du Gouvernement, et notamment avec M. Decrais, Ministre des Colonies, que ce dernier estimait qu'à l'importance de l'effort réalisé par les Algériens, on reconnaîtrait l'importance même attribuée par eux à l'Exposition projetée, et que la subvention de l'Etat à l'Exposition d'Alger serait alors proportionnée aux sacrifices consentis par tous les habitants de l'Algérie pour en assurer la complète réussite.

De ces diverses subventions, de celles que, sans doute, nous accorderont les Chambres de Commerce, les grandes Banques, les grandes Compagnies de chemins de fer et de navigation, subventions que nous ne pouvons ni ne voulons essayer d'évaluer, mais qui atteindront, à n'en pas douter, un chiffre important, un usage spécial serait fait.

Si l'on se reporte aux chiffres énoncés plus haut pour la Loterie et pour les Bons de l'Exposition, on voit que nous nous engageons, pour ces deux opérations, à distribuer aux souscripteurs une série de lots dont le montant n'atteint pas moins de deux millions et demi.

Pour ces émissions, tant de la Loterie que des Bons, pour la centralisation des fonds, pour la distribution des lots aux gagnants, il sera, pensons-nous, nécessaire, en même temps, que sage, de se confier

un de nos grands établissement de crédit,
qui, par ses agences, par ses relations avec
les Banques métropolitaines, nous fera
économiser sans doute sur nos frais généraux en même temps qu'il imposera confiance à nos souscripteurs.

On sait que c'est le Crédit foncier de
France qui a été chargé de l'émission des
Bons de l'Exposition Universelle de 1900 :
ce sont les grandes banques françaises qui,
de même, ont été chargées de l'émission
des billets de la loterie en cours des Artistes
dramatiques,

Pour cette dernière, une somme liquide
de 350,000 fr., payable en espèces au Crédit Lyonnais, au Comptoir d'Escompte,
à la Société Générale et au Crédit Indus-
triel et Commercial, somme représentant
la totalité du montant des lots, avait été
versée, en garantie, dans ces divers établis-
sements avant même l'émission du premier billet.

Nous ne pouvons point prétendre déposer de la même façon et d'avance, dans les
caisses de la Banque que nous chargerons
de nos opérations financières, la somme
élevée de Deux millions et demi, représentant le montant des lots que nous
devons distribuer ; mais nous pourrions
convenir d'y déposer les engagements pris
vis à vis de nous par les différents corps
constitués ou les Sociétés qui nous subven-
tionneraient, et ces engagements constitue-
raient, pour nos souscripteurs, un com-
mencement de garantie suffisant pour leur
enlever toute hésitation à souscrire.

Nous avons l'absolue conviction que, de
même que la Société Philomatique de
Bordeaux n'a pas eu à demander le versement des subventions de la Ville, du Conseil Général et de la première partie de
celle de la Chambre de Commerce, nous
n'aurions pas, non plus, à faire appel au
versement des subventions que nous solli-
citons quand même, pour la forme, pour
le bénéfice moral que notre entreprise en
tirera, persudadés que les simples engagements pris par les communes, par les
départements, le budget spécial et celui
de l'État, suffiraient à nous donner, auprès
des Banques, le crédit dont nous avons
besoin.

Conclusions.

Pour arriver aux résultats que nous venons de faire entrevoir, pour obtenir du
Parlement et du Gouvernement les autorisations qui nous sont nécessaires, pour

inspirer confiance au public auquel nous allons avoir à faire appel, il nous faut, avant toutes choses, obtenir de M. le Gouverneur général la sanction officielle qui nous fait encore défaut, bien qu'il ait associé à nos travaux l'un de ses plus distingués collaborateurs, M. Bouvagnet, conseiller de gouvernement ; sanction qui, en donnant à l'Administration le contrôle de notre gestion financière, serait une garantie de plus pour tous nos co-contractants.

Il ne faut point que notre Commission d'Initiative, qui a encore bien des choses à faire, qui a, notamment, à élaborer les plans de la future Exposition, reste simple Commission d'Initiative privée ; il faut qu'elle soit officialisée, qu'elle soit administrativement reconnue et constituée par M. le Gouverneur général, et que, de la sorte, ses décisions et ses efforts, de platoniques qu'ils ont été jusqu'à ce jour et qu'ils sont encore aujourd'hui, prennent un caractère et une précision qui leur manquent et qui sont indispensables pour inspirer confiance à l'opinion publique.

*
* *

P. S. — Il est bien entendu que ce travail ne constitue qu'une étude provisoire des moyens à employer pour réunir le capital nécessaire à la mise en œuvre du projet, étude basée sur le chiffre de SEPT MILLIONS, auquel s'était arrêté M. Glorieux dans son rapport préliminaire.

Si, selon toute vraisemblance, la Commission des Travaux, après accomplissement de sa mission, voyait la possibilité de réduire la somme primitivement indiquée, il s'en suivrait, naturellement, une diminution proportionnelle dans les chiffres des diverses combinaisons énoncées ci-dessus.

Le Secrétaire de la
Commission des Finances, rapporteur,.
ALF. LE VASSEUR.

Vu et approuvé :
Le Président
de la Commission des Finances,
HENRI GARROT.

Alger. — Imprimerie P. Fontana et C°, rue d'Orléans, 29. — 5-1901.